神的鼓　天的舞

逗号　著

孔學堂書局

图书在版编目（CIP）数据

神的鼓 天的舞 / 逗号著. — 贵阳：孔学堂书局,
2020.12
ISBN 978-7-80770-224-5

Ⅰ. ①神… Ⅱ. ①逗… Ⅲ. ①诗集 – 中国 – 当代
Ⅳ. ①I227

中国版本图书馆CIP数据核字(2021)第001264号

神的鼓 天的舞 逗号 著

SHEN DE GU TIAN DE WU

责任编辑 张发贤 张基强
内文插图 鲁德金
责任印制 张 莹

出 品 贵州日报当代融媒体集团
出版发行 孔学堂书局
地 址 贵阳市云岩区宝山北路372号
印 制 贵阳精彩数字印刷有限公司
开 本 787mm × 1092mm 1 / 32
字 数 80 千字
印 张 4.75
版 次 2020年12月第1版
印 次 2020年12月第1次
书 号 ISBN 978-7-80770-224-5
定 价 38.00元

致渺如沧海一粟的人们

序：努力探索新诗的新境界

每个人心中都有美好的情感，也就是人人心中都有诗。正如鲁迅早年留学日本时所作的《摩罗诗力说》中写的：“凡人之心，无不有诗，如诗人作诗，诗不为诗人独有，凡一读其诗，心即会解者，即无不自有诗人之诗。”

这本诗集的作者逗号，是同济大学附属同济医院的教授、主任药师。她的本职工作是新药的临床试验，是一位资深的专家。

如果说广大医护工作者孜孜以求的是医治人们肉体上的疾病，使人摆脱病痛的折磨，从而体魄强健，那么，包括诗人在内的文学艺术工作者，他们的使命在于：使受众树立正确的审美观、价值观，确立人文情怀，唤醒他们内心美好的情感。从这个意义上说医者和诗人殊途同归。

作为药学科研专家，逗号自幼爱好文学，尤其喜爱诗歌。这份对诗的热爱使她在业余时间游弋在诗的海洋里，在读诗、赏诗、品诗的同时，又自然而然地拿起笔来写诗，抒发她的人文情怀。她在发给我的微信中写道：“其实，诗也是人类灵魂的一剂良药。对于我来说，诗的美，在于它的格律，它的形式简洁而寓意深沉，就像一滴墨（即诗）滴入清水（即生活）中所展现的那种融化之美。”

“诗也是人类灵魂的一剂良药。”说得多好！看来，无论是自己的本职——新药的临床试验，还是业余写诗，对其意义作者都有明晰而又正确的认识。

这本诗集《神的鼓　天的舞》是逗号继2019年出版的《烟花三岳醉如斯》之后的第三本诗集，分为上、下两篇。上篇都是根据中国经典神话故事改写成的诗篇。以其中的《盘古开天辟地》为例，开始是描写盘古沉睡，“头不能抬／手不能举／脚不能伸”，什么也看不见，什么也不能做；被囚禁在蛋壳中，头沉、手麻、脚胀；接着是写他的觉醒，诗人突出他的反抗精神，浓墨重彩地抒写“他愤怒，他渴望／他抡起大斧劈向黑暗”，“顿时出现了天和地”。诗人抒写他站立起来的艰难过程，醒来后“天依然重重地压得他睁不开眼”；诗人抒写了他开天辟地的艰辛，突出了盘古开天辟地的大无畏精神。诗篇中“他挖出自己的左眼／挂在白天作为太阳／再挖出自己的右眼／挂在夜晚作为月亮”，诗人展开丰富的想象所创造的这些诗境，突出地表现了盘古的自我牺牲精神。盘古将自己的汗毛化为花木、血液汇成江河、筋脉伸为道路。“他将头割下奉为泰山／他再把肚子隆成嵩山／他砍下左臂化作衡山／他砍下右臂化作华山／他将肌肉融化成沃田／他拔下牙齿埋成玉石／盘古将自己粉身碎骨／天地却从此气象万千／舍身的是盘古／盛开的是天地”，更表现了盘古永不满足、不断开拓的创新精神。如果说盘古开天辟地的神话，寄托了我国古代劳动人民征服蛮荒自然、创造崭新世界的宏伟愿望；那么，逗号在我国古代神话的基础上，满怀对我们祖先的聪明才智的赞叹，对蕴含古代先民改造自然与征服自然的不懈追求的崇高精神的神话的挚爱真情，展开丰富的创造性想象，着力表现寄托着历代劳动人民创造美好生活的理想的盘古等神话人物，从而既传承我国优秀传统文化，又鼓舞、激励新时代中国人民像盘古一样奋不顾身地去努力奋斗，去创造更美好的未来，去实现国富民强的中国梦！

这本诗集的另一重要抒情内容是以新诗的形式表现二十四个节气。在我读过的新诗中，偶然见到有诗人以个别诗篇抒写二十四个节气中的某一节气，而集中表现，抒写整整二十四个节气的，却甚是少见。二十四个节气，是一年中地球绕太阳运行到二十四个规定位置（即黄经每隔 15° 为一个节气）上的日期。其划分源于我国黄河流域。各节气分别冠以反映自然气候特点的名称。千百年来，在我国农村，二十四个节气，成为开展农事活动的主要根据。因此，我国广大农民，非常关注二十四个节气的变化。作者所描绘的二十四个节气，不但反映出她热爱传统文化，也映现了她对广大人民，尤其是对广大农民的挚爱真情。她的二十四节气诗，对运用新诗为载体普及气象、物候知识，对扩大新诗的题材领域，都做出了有益的探索和实践，值得充分肯定。

这本诗集的另一个特点是格律比较谨严。自 1918 年 1 月《新青年》发表新诗以来，虽然已经走过了 103 个年头，但新诗的艺术规律还没有完全被广大新诗人掌握。新诗至今还没有成熟，新诗还在路上。散文化是当下新诗的通病。新诗创作必须遵循情思意象化、语言乐感化、分行有机化的三化规范，才能逐步迈向艺术的高台。逗号重视新诗的形式美，注重诗的格律，讲究寓意的深沉、形式的简洁，朝着新诗艺术成熟的境地努力攀登。这本诗集每一首诗的语言都相当精炼、简洁，诗句大体整齐，形式整饬，朝着新诗的形式美方向迈开了坚实的步子，在规避散文化弊病方面做出了富有成效的努力。

逗号精心创作了《神的鼓　天的舞》，索序于我，我不揣冒昧，略述鄙见如上，请广大专家、读者批评指正。

是为序。

潘颂德

上海社会科学院研究员、中国作家协会会员

2020 年 12 月 23 日

代自序

没有什么比时间更古老
因为第一秒已经无可稽考
没有什么比时间更年轻
因为下一秒
永远是一只涅槃重生的凤凰
没有什么歌谣比传说更古老
因为它是人类哼唱的第一个旋律
没有什么歌谣比传说更年轻
因为它述说的故事还在一遍遍重演

四季和节气是光阴的脚印和坐标
踏着时间的鼓点
我们不断地把梦想的子夜
锻造成现实的正午
应和着远古的歌谣
我们在谱写我们自己的歌
而这新的歌必将成为
后来者传唱的新的传奇

逗　号

2020 年 2 月 22 日

目录 CONTNETS

神的鼓

天的舞

秋

冬

神的鼓

引子

神说
世间如果没了人
谁来给我烧香呢
于是
人间便人满为患
于是
人间便天灾不断

盘古开天辟地

沉睡的盘古

我这是在哪儿
我怎么会在这儿
眼前漆黑一片
头不能抬
手不能举
脚不能伸
既然什么也看不见
既然什么也不能做
那我就昏昏沉沉睡
既然无从知晓世界
这世界又与我何干
我只想
睡上那一万八千年
我只想
做一万八千年的梦

盘古

觉醒的盘古

盘古一觉醒来
眼前除了黑还是黑
盘古还想睡
只是头有点沉
只是手有点麻
只是脚有点胀
他想抬头伸胳膊伸腿
他想让自己睡得舒服一点
但他办不到
他被囚禁在一个蛋壳中
像一只未出生的雏鸡
他愤怒，他渴望
他抡起大斧劈向黑暗
只听轰隆一声巨响
顿时出现了天和地

站起的盘古

醒来的盘古
全身舒展地躺在地上
享受大地给他的温柔
但天依然重重地压得他睁不开眼
盘古想舒舒服服地再睡一万八千年
可大地的身上压着盘古
盘古的头上顶着天
大地沉重，大地不服
大地将盘古推醒托起
盘古不得不站起
在大地母亲的怀里
盘古一天天长大
他长高一尺
天空就增高一尺
大地也增厚一尺
他长高一丈
天空就增高一丈
大地再增厚一丈
直至天再也够不着地
盘古头顶着天，脚踩着地
一站就是一万八千年
从此天地分开

牺牲自我的盘古

盘古已是顶天立地的男子汉
他望着轻而清苍白的天空
他俯视重而浊褴褛的大地
总觉得眼前一片凄凉悲哀
男子汉盘古流泪了
他的眼泪汇成了湖海
男子汉盘古恸哭了
他的恸哭变成了雷霆
男子汉盘古叹息了
他呼出的气变成了云雾
盘古还觉得不够
他挖出自己的左眼
挂在白天作为太阳
再挖出自己的右眼
挂在夜晚作为月亮
他扯下自己的头发
洒向天空作为星辰
他累得汗水淋漓
他的汗水化为雨露
他的汗毛化为花木

他的血液汇成江河
他的筋脉伸为道路
他还是不满意
他将头割下奉为泰山
他再把肚子隆成嵩山
他砍下左臂化作衡山
他砍下右臂化作华山
他将肌肉融化成沃田
他拔下牙齿埋成玉石
盘古将自己粉身碎骨
天地却从此气象万千

舍身的是盘古
盛开的是天地

伏羲与女娲

伏羲

手拿曲尺　手捧太阳

东方天帝　为百王先

诞生

西北大陆　华胥姑娘

踩大脚印　意外怀胎

十二年后　生下伏羲

生平

教人结网　教人打鱼

发明古琴　创作乐曲

始作八卦　解答宙宇

伏羲与女娲

女娲

手拿圆规　手捧月亮
伏羲之妹　伏羲之妇

生平

女娲造人　生生不息
女娲补天　天衣无缝
婚姻之神　送子娘娘

伏羲与女娲

身穿袍子　头戴冠帽
两尾相交　紧紧缠绕
天庭有律　大地有靠

仓颉造字

仓颉造字

很久以前　没有文字
故事传递　全靠记忆
为了方便　结绳记事
时间流逝　情节遗失

孩子仓颉　聪明伶俐
长有龙脸　拥有四瞳
观察自然　充满好奇
手拿竹竿　炼出符号
图形示意　诞生文字

看似小事　实属创世
从此万事　无路逃逸
文字力量　无与伦比
化剑为犁　无法抵御
上能惊天　下能动地

精卫填海

精卫填海

太阳神炎帝的小女儿
——女娃
天真活泼又可爱
她从小就对大海迷恋
她总在大海的身边
——流连忘返
时而对大海深情相望
时而扑打大海的浪头
时而在大海脚下拾贝

大海也对女娃入了迷
总想温柔地将她抱起
女娃总能调皮地逃离
时间一长，大海——
情不自禁爱上了女娃
他不问女娃是否愿意
他只想女娃做他的妻
海面上盘旋的是海鸥

海鸥也暗暗恋着女娃
女娃天天戏耍着大海
海鸥无不嫉妒着大海
女娃——
怎么知道热恋她的大海
怎么知道暗恋她的海鸥
女娃只知道天真地玩游

大海要先发制人
他凭着自己的深情和无比威力
要在海鸥之前将女娃据为己有
乘着女娃在海边嬉戏
大海顿时弥天盖地，呼风唤雨
将女娃搂入怀中紧紧抱起
深深地卷入海底
女娃反抗，女娃挣扎
一切都是徒劳
她越挣扎，大海越爱她
她越想逃，大海越紧抱
女娃终无力，倒在了大海的怀里

海底只有无声的抽泣
海面只剩海鸥的无力

声嘶力竭的海鸥
只能眼睁睁看着女娃失去
海鸥发誓要为女娃战斗

女娃无脸再见自己的父亲
女娃不愿再回自己的家园
她以死抗衡，化成精卫鸟
精卫发誓要将大海杀死
——以为自己雪耻
可小小精卫岂是大海的对手
她若扑向大海
大海就会把她葬送
她若刺向大海
大海一根毫毛也不会损失

精卫无奈
只能口衔一颗颗小石头
愤愤地投掷大海
她发誓——
不能杀死大海
也要填平大海

义愤填膺的海鸥

也勇敢地追随精卫
他安慰精卫
和精卫一起填海
海鸥的情感化了精卫的心
海鸥的义揉碎了精卫的心
他们能比翼双飞一起填海
却不能比翼双飞一起回家

精卫拒绝海鸥的一切盼祈
在一个寒冷的夜里
精卫生下了她和大海的孩子
从此就销声匿迹

从此茫茫的海面上
总盘旋着孤寂的海鸥
从此乌云密布的海面上
总听见凄厉的海鸥在哭唤
哇哇哇，哇哇哇……
那是海鸥对大海的控诉
哇哇哇，哇哇哇……
那是海鸥对精卫的寻觅
——从那时到此时
——从此时到永远

夸父追日

大神后土的孙子，夸父
两只耳朵各挂一条黄蛇
两只手也各握一条黄蛇
行走如箭壮如擎天巨人

一天，夸父正翻晒谷物
太阳却要忙着西下回家
可场上的谷物还没晒干
夸父央求太阳别急着溜
太阳眼里岂能容下这娃

太阳无礼招来夸父的无礼
夸父撒腿就开始追赶太阳
夸父想拉住太阳把谷物晒干
只见太阳在前跑夸父在后追
夸父信心百倍定能追上太阳

夸父追日

黄昏，夸父越跑越接近太阳
他感觉很快就能抱住太阳了
可是跑着跑着，太阳消失了
原来太阳也要回家睡觉休息
夸父就等太阳醒来再继续追

夸父就这样天天没命地追赶
起初脑子里只为晒谷物而奔
后来完全就是在和太阳赛跑
较劲中他也感受到太阳的温暖
太阳的光明一直指引着他奔跑
他根本就停不下来

他不畏日晒雨淋
他不畏春夏秋冬
更不畏一路孤寂
渴了，喝干了渭河
再渴，又喝干了黄河
他更不畏——
无限接近但永远也追不上的太阳
直到累死在大泽边

临死还不忘扔出手中的拐杖
那拐杖变成了一片桃林
——给后人歇息的桃林
——给后人解渴的桃林
后人能继续完成他的追日梦
——继续渴望太阳的温暖
——继续追寻太阳的光明

有傻子甚至也有聪明人
都在讥笑夸父很傻
无论在过去还是现在
其实人人不都是
自出生之日起就已经踏上了
追逐心中的那轮太阳之程了吗
哪怕那是永远也追不上的太阳
直至生命的最后一刻
直至投出那落地成桃林的拐杖

羿射九日

帝俊与羲和有十个儿子
他们是大名鼎鼎的太阳
都住在汤谷的扶桑树上
羲和每天给孩子们洗澡
——好让他们干干净净
——好让他们光芒万丈

羲和定下一条严格规矩
每天九个太阳守护扶桑
轮流一个太阳照耀大地
否则必会招来杀身之祸
十个热闹太阳十分调皮
哪里会把母亲的话听进

十个兄弟一起逃出家去
十个兄弟一起照耀大地

羿射九日

十个兄弟确实欢天喜地
大地被烈日烤成了焦泥
百姓在烈日下奄奄一息
这样的日子没人能管理

天帝对此实在看不下去
天帝命羿去吓唬十兄弟
万不得已不许伤其生命
后羿领会旨意下定决心
他挥舞着箭赶他们回去
不要再肆意地胡闹下去

十兄弟怎把羿放在眼里
依然欢天喜地照耀大地
后羿忍无可忍仁至义尽
只听“嗖”的一声射击
只见一个太阳应声落地
随着“嗖嗖嗖”的几声
九个太阳随即纷纷落地
只剩一个太阳连连求羿

后羿正要射出第十支箭
英明的尧请求手下留情
大地离不开太阳的照耀
百姓离不开太阳的温暖
后羿不情愿地将箭收起
第十个太阳才侥幸保命
从此天上只剩一个太阳
从此地上不再酷热难挡

羲和曾告诫孩子们——
不守规矩必遭杀身之祸
其实——
不守规矩会致不计后果
不计后果才遭杀身之祸

嫦娥奔月

射死九个太阳的后羿
受到了百姓的爱戴
却遭到天庭的排挤
后羿并不向往天庭
后羿更加憧憬人间
后羿携带妻子嫦娥
从此就留在了人间

后羿乐意为民除害
但委屈了爱妻嫦娥
人与神的最大区别
在于人会死神永生
后羿不服，渴望永生
——不为自己为百姓
——不为自己为爱妻

嫦娥奔月

后羿踏上了寻觅
不死神药崎岖路
踏遍了千山万水
尝遍了千辛万苦
终于感动西王母

西王母赠送给后羿
仅有的一颗不死药
临走前王母再三叮嘱
两人分吃可长生不老
一人独吃即飞升成仙

怀揣神药欢天喜地
后羿返回马不停蹄
心满意足把药给妻
他只想和嫦娥爱妻
永生永世待在一起

一天晚上，嫦娥
一边看看身边熟睡的丈夫
一边盯着葫芦里躺着的仙药

心里有说不出的欢喜
虽说吃一半药量不能升天成仙
但至少能和神仙一样长生不死
虽没有华丽衣裳和荣华富贵
但至少能够和丈夫白头偕老

嫦娥越想越美
恨不得马上就美梦成真
于是，她打开了葫芦
盯着葫芦里的那一颗药
她深爱自己的丈夫
她深知丈夫更爱她
决心等丈夫醒来
一起分吃，一起长生不老

可是，嫦娥辗转难眠
茅草破屋时而眼前浮现
还有粗茶淡饭和破旧衣裳
——她委屈，她懊悔
天庭侍女和大神再次眼前浮现
这一切让她身不由己又想升天

她不由自主地吞下了唯一的一颗药
忽然，她飘飘忽忽离开了地面
她一阵欣喜地飘上了天
她愧疚正熟睡的丈夫
她更怕嘲笑的天庭众神
她灰溜溜地飘向了月宫

月宫冰冷凄凉
陪伴她的只有
一只玉兔
一只蟾蜍
一棵桂树
从此，嫦娥
不再有丈夫的温存
不再有人间的温情

小时候一直羡慕
仙袂飘飘的奔月嫦娥
长大了才懂得——
没有爱的仙女多寂寞
没有爱的永生怎么活

吴刚伐桂

吴刚伐桂

从前西河有人叫吴刚
嗓门特响还身强力壮
就是做事情缺乏耐心
三天打鱼，两天晒网
三天打铁，五天裁布
后来干脆回家去种田
刚种下就想拔苗助长
不是苗死就是地废荒

无意间看人求神拜佛
他又想去做逍遥神仙
他跨过一百条河
翻过一百座山
踏破一百双鞋
终于找到能帮助他成仙的
白胡子老神仙

白胡子神仙告诉他
要成仙得先学习
懂得成仙的道理
要成仙得先学会采草药
还要懂得如何给人看病

吴刚既不求知
也不愿去采药
这些都太辛苦
吴刚放弃成仙
吴刚又想升天

老神仙叹口气
手中扇子扇起
吴刚双脚离地
呼呼飘向月亮

吴刚好生欢喜
吴刚不胜好奇
发现一棵桂树
高有五百多丈

可是除此之外
全是一片荒凉
吴刚拔腿想逃
白胡子神仙说
要想回去
得靠自己

吴刚委屈——
我又不是神仙
我怎么飞回去

神仙给他一把斧头
砍倒这棵桂树
就可变成神仙
就可自己飞回去
吴刚听了很高兴
大吼一声就砍树去
一下，两下，三下
可又没耐心地停下
刚停下，缺口马上又合起
树需要连砍三百下才能倒下

吴刚懒惰没有耐心躺在树下
从此吴刚永远留在了月亮上
总是借桂花酿的桂花酒消愁

从此，月亮上
除了一只玉兔
除了一只蟾蜍
除了一棵桂树
除了寂寞难耐的嫦娥
又多了位无耐的吴刚

共工触山

共工，炎帝之玄孙
长着红发人面蛇身
掌控洪水，属水神
性情急躁力大无比

共工与颛顼总不合
常为水利问题争吵
共工提出削山填洼
颛顼反对极力阻挠

一场大战在所难免
论力气，共工在上
论智谋，颛顼在上
力气总抵不过智谋

共工冲杀到不周山
此山是鳖四脚之一

共工触山

女娲曾凭此撑天地
此山此时挡了去路

共工绝望中一甩头
不周山被拦腰撞断
折断一根撑天巨柱
扯断了牵地的绳子

从此天往西北方向倾斜
从此地往东南方向下陷
从此日月星辰往西北走
从此江河湖水往东南流

共工的莽撞成就了天地
从此白昼不再永是白昼
从此黑夜不再永是黑夜
从此，一江春水向东流

宓妃与河伯

宓妃与河伯

秋日的午后凉风习习
河边，后羿遇见美丽的宓妃
宓妃的忧伤引起后羿的好奇
后羿一打听才知——
宓妃原来是水神河伯的爱妻
河伯原名叫冯夷
渡河时被淹死才做了水神
河伯——
生性风流倜傥美男子
最爱乘坐荷叶作篷的水车嬉戏

一天，河伯偶遇河边弹琴的宓妃
他被宓妃的悠扬琴声陶醉
更被宓妃的温柔漂亮迷惑
风流的他怎能将宓妃放过
他要等待时机再对她下手

终有一天
宓妃又来到了河边
河伯立马掀起衣袖
河水顿时大浪迭起
浪花将宓妃卷进河里
河伯赶紧将宓妃抱起
深藏在自己的宫殿里

宓妃醒来看见英俊河伯
她感动，她更不知所措
河伯封宓妃为洛水女神
更以热情求她嫁给自己
宓妃挡不住河伯的热情
更挡不住他的甜言蜜语
宓妃心甘情愿以身相许

婚后的宓妃恍然发现真相
河伯每年都会娶一位妻子
每年村里都将最美的姑娘
投放在河边搭建的斋宫里
再用竹席卷起投放进河里

河伯满足后才不会兴风作浪
宓妃才知自己也是受害姑娘

宓妃对残忍的丈夫无能为力
她只能活在谎言中以泪洗面
唯有后羿能倾听宓妃的诉怨
唯有后羿能体会孤寂的痛点

婚前是甜言蜜语
婚后却无能为力
多少人曾经历过
就连神也躲不过

逄蒙射杀后羿

逄蒙射杀后羿

后羿射杀的九个太阳
没有死化为九个仙女
她们总想着报复后羿
得知逄蒙是羿的徒弟
她们一合计心生一计
逄蒙年轻又天性聪颖
他与羿又有师徒之情
让他反目羿绝不容易

逄蒙很喜欢游山玩水
恰遇早已等候的仙女
九个仙女轮流勾引他
逄蒙本就是好色之徒
哪里扛得住这等诱惑
他想同时娶九个仙女

可九个仙女同时回答
我们只嫁给天下第一
可你仅仅是天下第二

逢蒙心急——
他要迎娶九个仙女
逢蒙更急——
他要争做天下第一
逢蒙心生杀羿之心
可他哪知已然中计
九个仙女暗自欢喜

逢蒙的技艺不比羿低
可却没有该得的荣誉
他越是想越是不服气
他一定要射死师傅羿
他精心打磨了十支箭
每支箭都浸泡了毒液

天上雷神洞察了一切
他为羿准备了十支箭

他让羿时刻防范逄蒙
可羿信赖自己的徒弟
当然更信自己的技艺
无奈雷神的百般劝诫
才勉强愿收下九支箭

逄蒙暗中射出第一箭
后羿闻声回射了一箭
射箭回箭连续了九次
每次都是麦芒对针尖
可羿只配备了九支箭
羿倒在了第十支箭下

逄蒙暗自高兴去拔箭
却发现箭不在羿身上
却被羿紧紧咬在口中
他顿时吓得面如土色
屈膝就向羿连连求饶
羿又动起了恻隐之心
念他能再有悔改之意

可一计未成又生一计
逄蒙想一不做二不休
他操起木棍砸向后羿
后羿这次未能再逃避
后羿从此倒下了——
他没倒在高超技艺下
却倒在了师徒之情下
倒在了无防人之心下

天上雷神洞察了一切
雷神为天下伸张正义
雷神霹死了忘恩负义
利益熏心的歹徒逄蒙

——害人之心不可有
——防人之心不可无

瑶姬与大禹

西天王母的女儿叫瑶姬
专门负责教导童男童女
她任性受不了束缚孤寂
来到云雨茫茫巫山上空
正遇十二蛟龙兴风作浪
瑶姬智勇斗十二条蛟龙

蛟龙被化为十二座大山
却不料堵住了滚滚长江
巫山，从此失去了平静
江水，从此就放荡不羁
好心常常也会办成坏事
好在瑶姬没有就此放弃

天神鲧的儿子名叫大禹
他刚好从黄河来到长江

瑶姬与大禹

见状就为开山疏水奔波
但水势急湍治水不容易
可大禹治水从没有放弃
大禹，三过家门而不入

瑶姬看在眼里急在心里
她忙召来侍臣暗中相助
又闪电轰石又巨雷劈山
巫山就此开口江水畅流
瑶姬再赐大禹防水秘经
大禹对她助力感恩不尽

瑶姬在人间忘记了西天
她化为巫山中的神女峰
从此作别西天的各云彩
只为伴一江春水向东流
天神也会留恋人间烟火
即使人间充满酸甜苦果

神农尝百草

神农尝百草

西王母只会掌管不死药
却没有医治百病的神药
瘟疫蔓延百姓苦不堪言
天帝派遣神农降临人间

神农天生异相
——牛头人身
整个身体玲珑透明
五脏六腑清晰可见

神农来到人间发现
五谷杂草长在一起
粮食和草药难辨异
他苦思冥想
终于悟出一个真理
要想治病得先强体

神农派大鹏行播种使命
大鹏嘴衔谷粒撒入田里
谷粒长成了高大的嘉禾
人们吃了它再也不觉饿
从此天下百姓不再慌饥

神农又尝遍不同的草木
根据酸甜苦辣不同味道
归类治疗各疾病的草药
神农尝试百草十分辛苦
曾经一天里中毒十三次
由于他的五脏六腑透明
可以清晰看见中毒部位
随即能准确找到解救药

只可惜草药品种实在太多
根本来不及尝尽全部药效
神农又发明了一种“神鞭”
神鞭一抽，药性自然显露
从此，天下百姓病有所医

有一次，神农品尝一种
攀援在石缝中的小黄花
刚落肚就疼得死去活来
还没来得及吃解救的药
就被这剧毒的植物毒死
这种剧毒植物叫断肠草

尝遍了百草的神农死了
留下《神农本草经》不朽
他的死却换来普度众生
世上有一种死叫做永生
——向死而生

八仙过海

八仙过海

每年三月初三
是王母娘娘的生日
每年的这一天
都会召开蟠桃盛会
各路神仙争奇斗艳
各路神仙齐来祝宴

其中最显眼的要属
八神仙中的吕洞宾
他说踩着云去祝寿
真的是太没有创意
他眉飞色舞地提议
八神仙要各显神奇
看谁最先到目的地
大家都觉主意有趣
纷纷亮出各自绝技

铁拐李将拐杖立水里
拄着拐杖眨眼跑十里
蓝采和将花篮变小船
乘风破浪能疾驰千里
何仙姑将荷花投水里
恰似漂洋过海来看你
张果老骑上心爱小驴
曹国舅操起自己玉板
汉钟离变出一面大鼓
韩湘子操起随身竹笛
吕洞宾挥出上方宝剑
浩浩荡荡奔赴盛会场

海水翻起了滔天巨浪
龙宫被震得左摇右晃
龙王的儿子出来评理
八仙也自觉得意忘形
赶紧赔礼不小心打扰
可龙王儿子不依不饶
他要吕洞宾留下宝剑
他早想将剑据为己有

吕洞宾怎能没有法宝
一言不合就大打出手
八路神仙是各显神通
熊熊烈火映红了龙宫
愤怒的龙王冲出龙宫
双方大战三百个回合
龙王龙子终寡不敌众
气急败坏去天庭告状

王母娘娘不愿把盛会
变成众神的声讨大会
赴宴的观音心领神会
观音大士出面评是非

观音跟着龙王到东海
手挥瓶中水浇灭大火
八仙见观音前来助阵
纷纷解释自己的不对
观音要双方各自退让
八仙再次向龙王道歉
承诺将龙宫修复重建
龙王子也不再索宝剑

各退一步会海阔天空
各进一尺会魔高万丈

月老媒神

月老媒神

月老媒神主管世间婚姻
媒神的家安在月老庙里
善男信女多去烧香许愿
灵不灵看看下面的传奇

唐朝一穷苦书生叫韦固
从小失去双亲孤苦伶仃
长大后求亲总无人问津
耽误了终身大事未成亲
一朋友知道了他的境遇
给他介绍前任太守之女
温柔体贴而且知书达理
韦固一听顿时开心同意
相约明早在龙兴寺见面
告诉他求亲结果的褒贬

第二天天未亮韦固早起
仔细梳洗干净以表诚意

就匆匆出门赶往龙兴寺
龙兴寺并没客人的身影
只见一银发老人月光下
正倚着布袋在认真阅读
韦固被老人的行为吸引
一问才知他在查阅婚姻
韦固不禁摇头表示不信
天下竟有这种荒诞之书
又问老人布袋里藏什么
回答是系在脚上的红绳
被拴住的男女即成夫妻
韦固再次摇头大笑不信
老人对他的幼稚笑咪咪
被拴住的仇敌也成夫妻
没红绳的相聚也会分离
韦固不服伸出自己的脚
让老人找找红绳在哪里
老人只点头但神秘不语
韦固再三催促以求解答
老人故作玄虚翻阅婚书
惊奇告知他的今生姻缘

隔壁菜场卖菜陈婆之女
将来必会成为你的贤妻
韦固执迷不信老人之言
老人只能带他去了菜场
韦固一见老人所指之女
再次摇头大笑老人荒诞
因为那女孩才刚满三岁
老人说完瞬间无踪无影
只见月亮上出现一黑影

韦固赶紧奔赴朋友之约
朋友却抱歉说太守婉拒
韦固早已习惯被拒之举
不娶妻的生活也得继续
一晃十几年的日子过去
韦固竟荣升为刺史下官
刺史非常赏识他的才能
欲许配于他十六岁之女
这次韦固毫无悬念娶妻
新娘子也是出奇的美丽
韦固突然把月老话想起

心里忍不住就自言自语
竟把卖菜之女捆作我妻
看天下人谁还会相信你
没想到妻子竟大吃一惊
卖菜女是收养我的陈婆
把我交还给了亲叔刺史
韦固这才感到恍然大悟
自己遇见的是月老媒神
原来自己脚上早有红绳

婚姻之奇，无处评理
有缘可期，无缘莫急

财神与瘟神

财神

后羿射下的九个太阳
传说一个坠落青城山
托生于一赵姓人家里
取名赵公明，即财神

赵公明遇天师张道陵
鹤鸣山从师修行炼丹
终于修炼出仙丹两颗
两人当即各服用一颗

赵公明立即全身冒烟
面目全非变成了黑脸
从此脱胎换骨神力无边
而张天师的外貌却没变
几经周折赵公明被委任

财神与瘟神

统管钱财为民进宝招财
他头戴盔，身披甲
身着战袍，护法鞭
坐守聚宝，好不威武

每年农历正月初五迎财神
因为这天是赵公明的生日
所以家家户户都炮竹声声
可见财神门前总门庭若市

瘟神

民间对瘟神的传说不一
将瘟神又称为五瘟使者
春天管瘟的，叫张元伯
夏天管瘟的，叫刘元达
秋天管瘟的，叫赵公明
冬天管瘟的，叫钟仕贵
总管中瘟的，叫史文业
赵公明既是财神又是瘟神
这其中的原因却无人知晓
五位瘟神能掌控五方瘟疫

保佑人间一年四季祛瘟疫

民间有将颛顼视为疫神帝
也有将风神禹强视为瘟神
尽管说法不一，但看法专一
天下百姓总爱门前挂着艾草
见了瘟神总是千方百计想逃
可见瘟神的门前是人数寥寥
人们对瘟神的敬重远不如对财神
可瘟神从不因人们的冷眼而沮丧
他们自有一套内心的平衡，因为
这年头向来都是财神跟着瘟神跑

门神——神荼和郁垒

出入人界和冥界的通道叫鬼门
小鬼们通过此门来到人界游混
一旦金鸡鸣叫，小鬼们忙逃跑
不然在光天化日之下小命难保

天帝派法力无边的神荼和郁垒
管理鬼门秩序，以防人受连累
神荼和郁垒用一串串套索芦苇
拴住并吃掉四处作乱的小恶鬼

人们获悉两位神人的传奇风采
将两位神人制作画像贴在门上
神荼贴在左旁，郁垒贴在右旁
小鬼们见了两门神都慌慌张张

每当逢年过节，百姓忙贴门神
以驱鬼辟邪，求来年梦想成真

门神——神荼和郁垒

无论刮风下雨，无论天寒地冻
门神神荼和郁垒总是恪尽职守

门能挡风挡雨，却挡不了妖怪
门神能呼风唤雨保佑出入平安
每天目送你匆匆出门的是门神
每天喜迎你平安归来的是门神

时代在变，门神的模样也在变
时而是青面獠牙威风凛凛武将
时而是身骑白虎慈眉善目文官
不变的却是人们对门神的膜拜

酒神杜康

酒神杜康

金秋是高粱成熟之季
也是老百姓丰收之际
却是杜康的苦恼之时
老百姓忙问杜康之理

杜康本是黄帝的官吏
被派遣来谷仓做管理
越是丰收，越成问题
多余粮食都烂在地里

杜康将粮食搬进洞里
高粱因潮湿发霉变质
黄帝为此而大发雷霆
扣了他俸禄还降官职

杜康心不甘到处求助
几经周折终获新启迪

他将多余的高粱谷粒
存入风干中空树根里

之后的几年不缺谷仓
杜康早忘树根里谷粒
一天另一官吏来报信
林里许多动物躺在地

杜康跑到树林里一觅
果然动物多躺草丛里
越往老树根方向靠近
越有一股清香钻鼻里

原来香气来自树根里
流出的液体而非谷粒
这液体甘甜清香四溢
杜康喝了也酣然睡去

黄帝喝了也甚感满意
杜康就被册封为酒神

从此高粱久存酿成酒
从此丰收杜康不再愁

后人饮水不忘挖井人
后人喝酒不忘杜康神
岂料无意竟能酿醉意
岂料醉意常能促诗意

厕神紫姑

厕神紫姑

唐朝莱阳一姑娘叫何媚
家里人都爱称呼她紫姑
紫姑容颜美丽知书达理
上门提亲的人络绎不绝

寿阳刺史李景慕名而来
一见紫姑就想娶她为妾
紫姑崇拜李景年轻有为
互生爱意愿意互托终生

家人劝阻紫姑三思而行
李景正室天生嫉妒狠毒
紫姑本可另嫁稳当正室
委屈自己为妾又是何苦

紫姑对真爱是义无反顾
为爱宁可委屈也不负辜
毅然嫁给李景来到寿阳
李景正室果然满腔嫉妒

她安排紫姑专去干粗活
李景深爱紫姑更怕正室
他无法阻止正室的歧视
只能更爱紫姑加以弥补

紫姑为爱受苦感到满足
正室咬牙切齿更加吃醋
她打发紫姑天天扫厕所
李景肯定受不了那身臭

紫姑毫无怨言打扫厕所
厕所干净而且芳香四溢
李景更佩服得五体投地
正室绝望后便暗生杀意

她用头上银钗捅死紫姑
紫姑死于正打扫的厕所

天帝心生怜悯封她厕神
每年正月十五她会现身

厕神特爱为孩子们占卜
厕神赐善良为百姓化凶
每年正月十五祭奠习俗
用烛香来供奉厕神紫姑

厕神保佑，孩子们祛凶
神助出恭，出门定轻松

望帝化杜鹃

望帝化杜鹃

蜀国开国国王叫杜宇
开疆农耕强国成望帝
晚年微服私访遇梁利
杜宇对梁利顿生爱意

冲破年龄差距论嫁娶
两人婚后恩爱甜如蜜
可好日子未持续下去
频发洪水冲垮了坝堤

百姓苦不堪言又无计
杜宇忧心忡忡更是急
妃子梁利心疼忙建议
建议招贤后终得鳖灵

水中逆流而上的死人
上岸即活过来的鳖灵
被传是治洪水的大神
杜宇也将此信以为真

鳖灵治水前有个愿望
他必须当蜀国的宰相
为了百姓杜宇把权让
鳖灵治水果不负众望

鳖灵在臣民中有威望
杜宇心平不与他争光
鳖灵心机想做新国王
逼迫杜宇仿尧帝禅让

年迈国王不得不退让
鳖灵的力量超乎想象
还霸占他的爱妃梁利
随后对杜宇心生杀意

众臣将杜宇藏到山里
年迈杜宇复仇却无力
一病不起，含恨死去
他的灵魂化为杜鹃鸟

杜鹃鸟对着王宫凄泣
不如归去，不如归去
啼血杜鹃的叫声悲凉
那是望帝在倾诉悲伤

用人不善遭灭顶之灾
——不仅失去了国家
——而且失去了自家
——甚至失去了性命

梁祝化蝶

梁祝化蝶

祝英台，小名叫九娘
上虞一富商家的独女
天资聪颖且容貌美丽
到了可以婚配的年纪
父母为门当户对着急
祝英台却有独到见解
她想外出游学长见识
她一心要寻觅一知己
她的愿望得到了默许
条件是必须三年学归
三年后必须回乡嫁许
她毫不犹豫欣然同意

祝英台女扮男装很英俊
“他”一表人才气概不凡

她给自己取化名叫九官
在会稽梁山遇见梁山伯
两人一见如故相见恨晚
在善权山上搭建了小屋
白天畅游夜晚畅读相伴
每天形影不离朝夕相处
祝英台早已爱上梁山伯
梁山伯却不知她是女孩

三年光阴恍如金梭银梭
有爱的日子更如流似箭
祝英台按约定只能回乡
在分别前她告诉梁山伯
她家里有个妹妹叫九娘
希望梁山伯能前来提亲
梁山伯一听就十分高兴
相约半月后备礼来提亲
可当他到了上虞一打听
才知祝家的富远近闻名
梁山伯惭愧有自知之明
自叹贫富差距不可抗拒

更不能给九娘带来幸福
他自卑畏缩选择了放弃

祝英台回来就告诉父母
她的意中人半月后上门
父母为女儿的选择欣喜
早早为女儿准备了嫁衣
可她左等右等就是不见
心上人上门提亲的踪影
她等来夏果代替了春花
她等来秋虫赶走了夏蝉
她的父母只能无奈将她
许配给大户人家马文才
祝英台无力去违抗父母
更无法原谅梁山伯无情

梁山伯可不是无情之郎
他回乡后更是发奋苦读
终于功夫不负有心之人
他考取功名当上了县令
此时他想再去上虞提亲

上门一打听才知祝家里
根本没有九官只有九娘
梁山伯此时才恍然大悟
原来挚友九官就是九娘
可九娘已许配给了他人
他辜负了九娘对他的情
他错失了九娘对他的信

梁山伯只求能见上一面
希望得到祝英台的谅解
但此时的解释毫无意义
祝英台怨他是言而无信
梁山伯对她是有苦难言
两人楼台相会凄然而别
梁山伯回乡后失魂落魄
他思念祝英台备受折磨
他恨自己未如约把她娶
终因悲伤过度含恨死去

祝英台出嫁那天听此噩耗
送亲路上她绕道来到墓边

祝英台跪在坟前伤心欲绝
她恨上苍为何如此戏弄她
泪水浸入的石碑突然裂开
祝英台奋不顾身跳进裂坑
她要随梁山伯去另一世界
生不能同衾，死也要同穴
从此坟上总飞着两只蝴蝶
那是两人灵魂化成的蝴蝶
生前不能实现的终生遗憾
死后化蝶兑现是喜还是泣

爱，需要摒弃高低贵贱
爱，无需等待成熟条件
爱，需要执着义无反顾
爱一旦错过，抱恨千古

马头娘化蚕

马头娘化蚕

从前啊有一座山
山里面有位少女
少女从小没母亲
和父亲相依为命

父亲充军远离家
少女无不思念他
家中陪伴少女的
是头健硕白骏马

少女抚摸马鬃毛
悄悄吐露心里话
谁若带回我老爸
我就甘愿嫁给他

谁知话音刚一落
骏马脱缰奔离她
冲到她父亲身旁
驼上他疾驰回家

父女相见泪汪汪
父亲见马有灵性
给它搭建好马厩
喂它最好的马料

马儿见饲料无精打采
马儿见少女容光焕发
父亲对此事不禁奇怪
一问才知其中的原委

少女仅仅当成笑话说
她根本没想嫁给马儿
父亲也对此不以为然
他要杀掉马以绝后患

马儿就这样含冤被杀
女儿看着蜕下的外皮

笑马痴梦想娶她为妻
也不撒泡尿照照自己

晾晒的马皮突然掀起
死死卷住少女的身体
“嗖”一声向森林飞去
少女从此就销声匿迹

少女的父亲无从寻觅
只是悲痛欲绝躲家里
家外原有一棵大桑树
忽见上面结出白蚕蛹

传说那是马皮所蜕变
蚕蛹外的白丝是马鬃
里面白胖胖的是姑娘
骏马终于抱得美人归

纵然你无情背信弃义
依然要爱你不离不弃
世上感情都千奇百怪
唯独爱情总长盛不衰

九色鹿

九色鹿

人烟稀少的大森林深处
有一只皮毛九色的小鹿
大家对它以九色鹿称呼
它心地善良又身姿婀娜

一天，九色鹿河边看见
一个农夫掉进冰水里面
九色鹿救起呼救的农夫
农夫问它需要怎么报答

九色鹿温柔地回答农夫
不求你报答我金银财富
只求你能帮我保守秘密
不让外人知道我在这里

农夫对九色鹿感恩不尽
发誓定会替它保守秘密
知恩图报这简单的道理
做起来没有什么不容易

森林外面有座茂密大山
大山后面有座华丽宫殿
宫殿里住着国王和王后
王后梦见了神奇九色鹿

她想用九色鹿的皮制褥
献给国王当生日的礼物
国王听了这主意很欣喜
下令抓住九色鹿有奖励

眼看国王生日越来越近
可仍找不到九色鹿身影
王后越等越急提议悬赏
百姓无不被重金所吸引

农夫起初不为重金所动
可随着重金的一再提高

农夫的心渐渐开始动摇
终在巨额财富脚下拜倒

国王士兵把九色鹿找到
九色鹿见士兵拔腿就跑
可四面伏击已无路可逃
九色鹿终寡不敌众被套

九色鹿看到拿钱的农夫
悲伤的泪水直往外冒出
见状的国王心里犯嘀咕
一问才得知其中的缘故

国王下令要放走九色鹿
要严厉惩罚背叛的农夫
背信弃义理应受到惩处
九色鹿却为农夫求宽恕

九色鹿回到森林好自如
农夫回家全身长疮吃苦
——知恩图报天经地义
——见利忘义，必自毙

枕中记

枕中记

唐朝一神奇道士叫吕翁
投宿邯郸的一普通旅店
一穷书生卢生骑马路过
书生便下马在旅店休息
两人坐在一起聊得投机
可卢生很快就唉声叹气

吕翁好奇书生为何叹气
卢生摇头怪他不明就里
人生在世不把功勋建立
仅仅种地实属自暴自弃
吕翁只笑不语早有一计
袋中取出一枕让他休息

卢生接过枕头顿生睡意
恍惚间不觉走进了枕孔

住的已非旅店而是家里
还娶了美丽的姑娘为妻
生活富裕不用穿粗布衣
科举考中进士梦想成真

卢生官场生涯一帆风顺
正如他所愿是步步高升
卢生不负众望为民办事
百姓刻碑铭记他的功劳
卢生又奉旨抗敌立战功
官衔不断晋升无人可及

卢生洋洋得意宰相妒忌
官职莫名被贬不足为奇
官场沉浮正如潮落潮起
没想到三年后迎来转机
卢生又被召回成了宰相
十年贤相真是风光无限

谁会料到天有不测风云
卢生遭诬陷成了阶下囚

身穿囚衣才怀念粗布衣
多想无忧无虑邯郸故里
捶胸顿足后悔回不去了
庆幸免死被流放偏远地

经历了从巅峰跌至谷底
卢生对功名已失去眷意
不料再次被平反获任命
他已无动于衷只想还乡
临终前回望自己的一生
才清醒功名利禄如云烟

睡梦中的卢生死了
旅店里的卢生醒了
发现自己的头枕着
不知做梦还是醒着
只见吕翁在一旁笑
把枕头重塞进袋子

此时此刻醒悟后的卢生
闻着旅店里黄米饭香味

手抚被枕得酸痛的脖子
决定骑上心爱的小青马
踏上邯郸通往家乡的路
他消失在热闹的人群中

枕中藏梦，梦伴一生
轰轰烈烈，终归折腾
其实平平淡淡才是真
简单道理，做到不易

天的舞

引子

都说
地是母，天是父
地在哺，天只舞
其实
天对地时时呵护
天的舞从未作古

地球自转一圈
是二十四小时
——即为一天
地球公转一圈
是二十四节气
——即为一年

春

立春

（太阳黄经为 315°，2 月 3 ~ 5 日）

东风解开棉袄，你却需要捂春
鱼儿亲吻融冰，你却忙着咬春
牛儿都被鞭醒，你就别再春困
蛰虫蠢蠢欲动，你能坐怀不乱？

一岁之首，万物之启
辞旧布新，生机盎然
一年之计，惟在于春

雨水

（太阳黄经为 330° ，2 月 18 ~ 20 日）

东风吹，雁南归
獭捕鱼，草木飞
春雨润物细无声
春雨浸人难以挣

惊蛰

（太阳黄经为 345°，3 月 5 ~ 7 日）

闪电在天空中飞舞
雷翁在大地上打鼓
唤醒了春天的良辰
惊醒了百虫的美梦

黄鹂鸣叫纷纷求偶
鹰像斑鸠似的温柔
桃花惊开露出笑容
你恰似桃花般脸红

大地万物蠢蠢欲动
大地万物匆匆破土
这是春的最初呼唤
这是生命最美涅槃

春分

（太阳黄经 0°，3 月 20 ~ 22 日）

春分到，天磕绊
夜不长，昼不短
日夜更替各占半

春分到，竖蛋俏
光阴转，转暖天
春风吻上你的脸

春分到，春雨娇
花吮雨，知多少
春光静月无限好

清明

（太阳黄经为 15° ，4 月 4 ~ 6 日）

清明时节雨绵绵
白桐花张开了眼
田鼠不见鸟飞天
彩虹吻雨飞人间

万物忙吐故纳新
人人忙扫墓踏青
风中风筝断了线
肚里青团故人惦

清明时节雨纷纷
雨化思念欲断魂
清明时节草青青
天上人间盼毗邻

谷雨

（太阳黄经为 30° ，4 月 19 ~ 21 日）

谷雨前后，种瓜种豆
谷雨一到，布谷开叫
谷雨卖乖，麦儿怀胎
水润万物，雨生百谷

芍药打头，牡丹修脚
栽桑养蚕，浮萍始生
谷雨落泪，闻谷雨声
土吮谷雨，窥百谷伸

夏

立夏

（太阳黄经为 45°，5 月 5 ~ 7 日）

立夏不下，犁耙高挂
立夏无雨，碓头无米

蝼蝈噪吐，蚯蚓翻土
黄瓜攀藤，苦菜秀身

立夏秤人，福来灾扔
立夏斗蛋，病去平安

立夏之日，抛春抱夏
天地始交，万物并秀

小满

（太阳黄经为 60° ，5 月 20 ~ 22 日）

小满小满，江河溢满
小满小满，麦粒渐满

杜鹃声声，榴花似火
风吹麦浪，拨动期望

小满吃苦，夏来消暑
小满祛湿，螨虫气死

小满不长，人生苦短
小满不满，小得盈满

芒种

（太阳黄经为 75° ，6 月 5 ~ 7 日）

芒种芒种，有收有种
芒种不种，再种无用

忙种天天，梅雨连连
芒种花谢，花泪断线

芒种荔枝，赛过贵妃
芒种青梅，流涎开胃

芒种时分，螳螂出生
芒种转身，盛夏初登

夏至

（太阳黄经为 90°，6 月 20 ~ 22 日）

北行到极致
太阳转过脸
忙走回头路
白昼日渐短

最长白日梦
鹿儿却解角
蝉儿始长鸣
半夏忙偷生

夏至头九九
羽扇握在手
夏至吃冷面
一天短一线

夏至热未至
热身衣未湿
夏至一抬头
心儿醉星空

小暑

（太阳黄经为 105° ，7 月 6 ~ 8 日）

小暑露脸，出梅入伏
小暑袭来，热浪温风

蟋蟀离田，避暑庭院
老鹰怕热，乘风贪凉

啜西瓜瓤，小暑消暑
摇芭蕉叶，小暑消愁

小暑食新，米面吃新
新米风调，新面雨顺

大暑

（太阳黄经为 120° ，7 月 22 ~ 24 日）

大暑中伏，树儿冒气
土儿生气，雨儿怒气

大暑不暑，五谷不鼓
大暑防暑，还需吃苦

大热之极，静待养心
日赏荷花，夜观虫萤

秋

立秋

（太阳黄经为 135° ，8 月 7 ～ 9 日）

立秋秋至，热在三伏
立秋之夜，凉风渐至

台风常袭，赶走暑气
暴雨光顾，带来湿气

一叶知秋，万果丰收
天地气爽，人却易愁

处暑

（太阳黄经为 150°，8 月 22 ~ 24 日）

处暑出暑，秋老虎出
处暑止暑，炎热打住

老鹰捕鸟，人忙割谷
掰莲剥榴，吃鸭过秋

秋叶更衣，一览无遗
这红一串，那黄一片

昙花一现，只为韦陀
放荷花灯，以慰阴魂

一场秋雨，一场寒露
天地始肃，人间始舒

白露

（太阳黄经 165° ，9 月 7 ~ 9 日）

出了夏的门
入了秋的身
勿念夏的热
勿惧秋的冷

白露身勿露
露身变猪猡
喝了白露水
蚊子闭了嘴

露从今夜白
凉风徐徐来
米酒寄甘甜
勿忘把衣添

秋分

（太阳黄经 180°，9 月 22 ~ 24 日）

秋分秋分
平分昼夜
秋分秋分
平分秋色

秋高气爽
凉风徐徐
丹桂飘香
蟹肥菊黄

祭拜月亮
长夜漫漫
一场秋雨
一场梦香

寒露

（太阳黄经为 195°，10 月 8 ～ 9 日）

秋华已不再
露白且气寒
鸿雁举南迁
雀鸟皆不见

冬步伐及近
登高且望远
吃了重阳糕
单衫打成包

不经一番寒
怎见人心暖
饮杯菊花酒
露寒人不寒

霜降

（太阳黄经为 210°，10 月 23 ~ 24 日）

霜降早霜
决定饥荒
霜降有霜
米谷满仓

秋风瑟瑟
大地白头
秋菊追思
红叶相知

霜降滋补
来年不负
霜降不忙
来年发慌

冬

立冬

（太阳黄经为 225°，11 月 7 ～ 8 日）

北风吹，窗门挥
水始冰，地始冻

吃饺子，耳不冻
始补冬，补嘴空

一立冬，卧地洞
风吹动，勿躁动

小雪

（太阳黄经为 240°，11 月 22 ~ 23 日）

小雪不见雪
雪花见你怯
小雪不封地
雪花躲避你

小雪寒未甚
闭塞已成冬
红泥小火炉
绿蚁新醅酒

小雪雪花飘
糍粑咕嘟烧
小雪雪花飘
雪花也风骚

大雪

（太阳黄经为 255° ，12 月 6 ～ 8 日）

千里冰封
万里雪飘
淑女窈窕
身藏红袄

大雪腌肉
吃喝不愁
大雪下雪
啥也不缺

天寒地冻
拾食保重
顺以天时
静以养阳

冬至

（太阳黄经为 270°，12 月 21 ~ 23 日）

灯前影伴身
最长的一夜
吃了冬至面
一天长一线

不端饺子碗
冻耳没人管
人人吃羊肉
各个好兆头

冬至大如年
祭祀老祖先
九九消寒图
进九把天卜

小寒

（太阳黄经为 285° ，1 月 5 ~ 7 日）

小寒小寒
冻成一团
小寒不小
不可轻心

雁北回乡
鹊垒新巢
茶香暖屋
尽享暖窝

数九寒天
梅花乍现
山茶斗艳
切莫冷眼

大寒

（太阳黄经为300°，1月20～21日）

大寒封河
冰河上走
冰冻三尺
非一日寒

大寒蹲家
爱妻暖手
闻北风吼
喝腊八粥

大寒不寒
杀猪过年
大寒不寒
心恋家园